要是没有风，
你能否听到地球在轴上转
——学生心智成长的样本探索

缪锦春　May　著

苏州大学出版社
Soochow University Press

图书在版编目(CIP)数据

要是没有风,你能否听到地球在轴上转:学生心智成长的样本探索 / 缪锦春,May 著. —苏州:苏州大学出版社,2016.6
 ISBN 978-7-5672-1745-4

Ⅰ.①要… Ⅱ.①缪… ②M… Ⅲ.①中学生－心理健康－研究 Ⅳ.①G479

中国版本图书馆 CIP 数据核字(2016)第 128757 号

书　　名	要是没有风,你能否听到地球在轴上转
	——学生心智成长的样本探索
著　　者	缪锦春　May
责任编辑	巫　洁
出版发行	苏州大学出版社
	(苏州市十梓街 1 号　215006)
印　　刷	苏州工业园区美柯乐制版印务有限责任公司
开　　本	700 mm×1 000 mm　1/16
印　　张	6.75
字　　数	100 千
版　　次	2016 年 6 月第 1 版
	2016 年 6 月第 1 次印刷
书　　号	ISBN 978-7-5672-1745-4
定　　价	20.00 元

苏州大学版图书若有印装错误,本社负责调换
苏州大学出版社营销部　电话:0512-65225020
苏州大学出版社网址　http://www.sudapress.com

陌生的世界（代序）

这个世界什么时候变得陌生？

在我们来到之前，这个世界已经存在了很久，对每个人来说，这个世界都是陌生的。

陌生的世界给我们带来惊奇，也给我们带来恐惧。

在我们真正认识和独立应对这些恐惧以前，我们需要来自家庭、学校和社会的关心与帮助。

因此，在一个人的成长过程中，来自各个方面的关心与帮助是必不可少的。

然而搀扶的手会不经意间抽出，关注的目光会不经意间游离，甚至不经意间伸出的花枝变成了荆棘。

于是缪锦春和May在本书中提醒我们，一个人的成长过程充满了不确定，特别是焦虑和抑郁如影随形。

  本书中那些令人揪心的案例既是对这一问题的正视，又是一种无声的呼唤。

  但愿陌生的世界带给我们的是无尽的惊奇。

  是为序。

薛华强

2016 年 6 月

建一所房子，用砖头、木头、包容和爱（代前言）

在我们这个年代，人们对大脑运作机制的理解突飞猛进，我们不再对所谓掌控人们内心活动的力量进行胡乱猜测，取而代之的是一些具体的知识，如神经元是如何产生心智的。简而言之，就是应当站在哪一个层级来理解大脑产生心智的原理。

比如，近年来抑郁症等精神疾病日益引起公众的关注。2016年2月份连续两起自杀事件引起了舆论的热议，先是华东师范大学的江绪林老师自杀，随后是"史学天才少年"林嘉文坠楼。在这么多的自杀案例背后，我们看到同样的"阴影"——抑郁症。世界卫生组织报告指出，预计到2020年，抑郁症将成为全球范围内第二大健康问题。目前全球有 3.5 亿抑郁症患者，我国抑郁症人群约 9000 万，每年有 20 万人因抑郁症自杀。由于现代生活节奏加快，社会压力增加，抑郁症患病率逐年上升，被精神病和心理学专家称为"精神科的感冒"。而且，低龄化趋势明显，初中、高中阶段几乎每个班都有这样的孩子。

大脑无疑是宇宙中最复杂的 1.5 千克物质。爱因斯坦的大脑是不是生来就和我们不同，所以我们再怎么努力也没用？怎样科学地培育孩子们的大脑，让他们更聪明？怎样才能矫正抑郁症患者（或者精神分裂症患者）的大脑，陪伴他们走过人生最重要的阶段？

这些问题都来自于一个方兴未艾而复杂神秘的研究领域：认知神经科学。"认知"研究涵盖了人脑的主要功能，包括感知觉、动作控制、注意、记忆、决策、情感和语言等。人类的大脑是目前已知的最复杂的"机器"。在所有的谬论中，最离谱的也许就是"心智的不可错性"，即确信我们不会弄错自己的想法。"我认为自己感受到了疼痛，那就是感受到了疼痛，在这点上我不可能出错。""如果我看到了一头大象，这只是我的幻觉，而实际上压根就没有大象，但我看到大象的体验，依然千真万确。""如果我认为你的外套是黄色的，就算它实际上是绿色的，也依然不能改变它在我眼里是黄色的事实。"这些错觉，不仅孩子们会有，作为父母的我们一样会有。

本书便讲述了这样一段探索之旅，更是一段你们对自己探索的旅程。我们关注如何从认知角度和哲学角度来看待心智。为什么我们的孩子以前好好的，进入中学阶段后就好像换了一个脑袋，原来的 1.5 千克物质呢？其中外因和内因，环境和自身，哪个因素占比更大些？我们试图在某个点面（最多是一个界面)努力解开大脑的谜团,为此收集了近10年的观察样本,部分样本跟踪了10年。我们不是科学家与魔幻的团队,但是,为了孩子,我们接受了这份挑战。

答案到底是什么,那些需要关注的孩子们身上真实发生了什么?这的确是一个难题。我们尽可能用一些趣味盎然的方式,让你反思所思之物与所想的方式,并揭示其中一些令人惊讶的事实。你可能最终会发现,自己过去坚信的想法,原来完全不是那么回事。它也许让人不安,让人有点儿迷惑,但确实相当有趣。

这个世界很小。科学探索过程往往和个人生活交织在一起。好像我们终其一生都在探索宇宙中最复杂的1.5千克物质(没错,就是我们的大脑),特别是在观察我们孩子的大脑。如果你有孩子,或未来将拥有孩子,那么,这本书也许适合你。这是你自己的旅程,也是你意识里替孩子走过的旅程。

为宽松我们的话题,在进入严肃话题以前,我们先一起聊聊阳光、雨露般的快乐时光,也一起感恩我们周边的一切,希望能给父母们一段轻松的时光。好了,让我们一路同行,学到知识,获得鼓舞,窥见未来。

目　录

001　第一部分　回想当初地球是新的，天堂只是悄声耳语

　　003　像了解感冒一样认识抑郁症
　　005　尝试走出自己的影子，哪怕就一会儿
　　008　愿我们醒来时，眼里是带不走的太阳
　　011　谁偷了我的年少轻狂
　　015　把远去的日子，寄存起来

019　第二部分　你要知道，你不需要亮过一切星星与灯

　　021　时光如语
　　023　焦虑症状：当全部黑暗俯下身来搜索一盏灯
　　　　023　不再坚强的心，于黑暗是甜美
　　　　028　睁开眼睛，他已经不是那个他
　　　　029　没有一个成分因为珍贵而可疑，也没有因为姿势而分心
　　　　031　生活中也许隔离，灵魂里有他的存在
　　　　032　清除你无法挽救的，扔掉你无法咀嚼的
　　　　034　此刻要前进，要大胆追出去
　　　　036　有一种声音，或许只有自己能听见
　　　　037　在宽广或狭窄的地方发芽生长
　　　　038　在一滴水里，将自己的声音寻觅
　　039　强迫症状：亲爱的，你选择了哭泣和等待
　　　　039　盒子里没有小怪兽
　　　　041　能长久跟随的是刺，不是花瓣
　　　　043　隐秘的叶子都被留下，人们因坚强而微微发抖
　　　　045　打开胸膛，心里有棵被偷的玫瑰
　　　　046　如果他跟你走，就会看见你的背影

047　抑郁症状：我是与黑夜相识的一个

　　047　　一切抚慰都不是徒劳
　　050　　想起天使，想起厄运，想起你
　　051　　天堂鸟也会在冷漠中哭泣
　　053　　特别的你，应当回到一个正常的世界
　　054　　归途总比迷途长，长于一生

055　行为偏离状：别对我说你不存在，你是存在的，你也不完美

　　055　　对一个孩子狭窄的爱，愧对今晚舒朗的夜空
　　061　　有时得承认是个落伍者
　　062　　他们找不到你，如同你找不到他们
　　063　　自我熟睡在非理性的影子里
　　064　　天真的感受，像是孩子拿着树叶当钱币
　　065　　穿过青春所有叛逆的日子
　　066　　大街拥挤的时代，你选择了另一个方向
　　068　　我们的岛是一粒不完整的黄纽扣

071　第三部分　每当我们从地上抬起脚，我们就走在天空里

　　073　　面对精神异状症，我们能做的还太少
　　074　　这是尘世，有人静静守护你
　　075　　教育不是注满一桶水，而是点燃一把火
　　082　　站在同一高度，爱才不会有落差
　　085　　让逻辑淡化，真理通过眼球生长

089　在新的开端，带上祝福、感性和种子开始旅行（代后记）

此书献给需要关注的高年级孩子和父母
他们教会了我们许多

第一部分

回想当初地球是新的,天堂只是悄声耳语

回想当初最柔和的微风

把夏季融入秋季

所有杨树都一排排

甜蜜地颤抖

像了解感冒一样认识抑郁症

我们常常听到这一类的话:"我最近心情真的特别不好,估计是得了抑郁症。"而周边的人听到后,做出的反应无非是:"嗯,总会有不开心的时候嘛,别想太多了,放松一下,好好调节一下。"

"抑郁症",就如同"强迫症""躁狂症"等一样,在生活中泛滥和误用,使得普罗大众对于医学中的这些常见病症产生了误解,甚至慢慢变得娱乐化。渐渐地,很多人可能已经无法理解真正的病人,即使是自己最亲的家人和朋友,也许也会认为他们"性格有问题""不求上进""故意给人添麻烦"。他们可能会再也承受不住那黑暗阴冷绝望的小世界,选择回避与逃离。

乐观的人不会抑郁。能够积极乐观地看待人生,面对困难,这无疑是优良心理素质的表现。而乐观其实没有我们想得那么简单,它并非指一般所说的大大咧咧,或是无奈下的自我安慰,而是指能够看到困难中蕴藏的成长机会与转机。由此可见,乐观实际上是从整体去审视问题的一种观察角度,因此,没有经历过抑郁的人,也许很难懂得什么是真正的乐观。

为人父母以及学生朋友们,我们应该如何乐观呢?

尝试走出自己的影子，哪怕就一会儿

前几日，在一个温暖的阳光午后，与好友在咖啡厅闲聊。聊着聊着便聊到了书的话题上。我的这个好友我是知道的，很少看书，翻阅的纸质读物大抵是些时尚杂志。然而那天他却郑重其事地向我推荐了一本东野圭吾的书——《解忧杂货店》。我当时笑着问他："你还知道东野圭吾呢？"没想到他竟和我说得头头是道。这不禁让我对这一本让一个从不看书的人都能认真品读的佳作产生了兴趣。是日，我的床头便多了一本《解忧杂货店》。

翻开书的第一章，三个小偷收到一封来自过去的来信，故事正式拉开了序幕。字里行间透露出的浓重的悬疑色彩和不确定的气氛，让我确认，这无疑是东野的又一部佳作。而随着故事的逐渐揭开，我一口气读完了6个独立而又环环相扣的故事。这部小说并不是传统的推理小说,更确切地说,这本小说应该是一部散文式的非现实主义童话故事。这本小说的 6 个故事分别讲述 5 段不同的人生:因男友身患绝症而徘徊于梦想与爱情之间的奥运会选手因为 30 年后的回信而有了决定;离家漂泊,为了音乐梦想努力的克朗,因为一次善举造就了另一个音乐天才;在家庭巨变下,在亲情与未来中挣扎的少年浩介;为了生活而徘徊在夜场的陪酒女与干平凡杂工的年轻女性;还有为他们解忧的老店主。在这本小说里,每一个人物的命运都是环环相扣的,每个人都在不经意间与解忧杂货店结下了不解之缘。

直到故事的结尾,我们发现,那些得到解忧的人们往往都来自丸光园孤儿院,而这家孤儿院的院长曾是老店主的爱人,两人因为父母反对而被迫分开。然而正是这两个并不圆满的人,用自己的方式,在冥冥之中,为那些不幸的人带来了幸福和指引。在故事的结尾,老店主收到了三个年轻小偷误放入时空转换空间的一张白纸。虽然只是一张白纸,但老店主仍然认真地回答了这个问题。信中这么写道:"正因为是白纸,所以可以画任何地图,一切都掌握在你自己手上。你很自由,充满了无限可能。"这三个小偷在经历了这一神奇的经历后,回归正途,坦然面对了自己的过错。整篇小说也画上了一个完美的句号。

整篇小说通过蒙太奇的表现手法将不同的故事穿插起来,将时间线打乱拼凑在一起,从而使人产生了一种时空穿越的新奇感受。而贯穿整篇故事的线索就是那些人性中的美好,也正如故事中的少年敦也所说:"把杂货店与孤儿院连接起来的也许是一根看不见的线。"一根线可以是冥冥之中的缘分,也可以是那些人性中的美好,或是人与人之间的爱。诚然，我们每个人都是独立的个体，人与人之间的羁绊，最终还是要由人来维系着。而爱正是让我们能够感到温暖并维系着我们的那根线。而这本书带给我最大的感动正是每个故事的主角在做出人生选择时的态度，以及对信念的坚持。不同的人生轨迹最终形成了不同的机遇与羁绊，在面对生命中最重要的抉择时，无论是谁都无法知晓未来会如何。

在我们人生的不同阶段，选择也往往不同。或许在我们面对抉择无助的时候，也应该去寻找一个属于自己的"解忧杂货店"。

愿我们醒来时,眼里是带不走的太阳

春未老,风细柳斜斜。

刹那芳华,朝露昙花,落英缤纷,随风尽逝。

休弃理想,不曾羡仙,诗酒趁年华。

这一刻,也许你想起了海子,其实很多时候,记性太好反而是一种负担,忘记不是背叛,而是一种虔诚的信仰,在追求理想的年代,我们遗忘了海子,但惦念他给我们造的梦。

大学同学聚会,看到书橱里的书,草草翻翻,打磨时光,忽然有人问了一句:"你这里怎么没有海子的啊?"

我说我喜欢历史的那些八卦、武侠的那些爱情……回答很苍白,因为真的想不到更好的掩耳盗铃的搪塞了。

只因为那本《海子的诗》在大学毕业时就留给了那年的风华。人去诗在,更添几分悲愁。

很多时候,我们的梦想湮没在白夜,不知为

何,没有了朝向太阳走下去的勇气,因为刺眼,所以我们跟着影子走,自己的影子、他人的影子……

古今中外,大师很多时候是"马后炮"的产物,凡·高被世人认为是疯子、幻想者、精神病……死后却被封为千古画家,海子亦如此。青春的梦想倾倒在惊起黑色鸦群的凡·高的麦田里,破碎在海子的山海关里。

在与他同生的时代,大家都不知道他在写什么,等卧轨出事后,才慢慢诵读与怀念他的诗,时代的可怜造就了诗人的可歌,我们身在其中,却依然手拿梦想寻找那匹奔跑的野马。

有人说海子是中国当代最好的诗人,无人出其右;也有人说中国有诗人,绝不是海子。无论孰对孰错,海子就是那个存在。

欧阳修在《梅圣俞诗集序》中说:"盖愈穷则愈工。然则非诗之能穷人,殆穷者而后工也。"与今天的物质丰足相比,"穷而后工"才有了我们追求精神的富有,这些在心里发酵,变成一杯时间的烈酒,一饮而快。如果现在让你饿着肚子去畅谈青葱岁月的梦与歌,你会爽快地说:无聊,没时间。如此这般,我们才向往哪怕一刻的"面朝大海,春暖花开"。

最难开口的事,是初次的问好与最后的道别。我们没来得及向海子问好,海子也没有做难以言说的道别,时间的错位只能让我们演绎着怀想与好奇。你从远方来,我到远方去,遥远的路程经过这里,天空一无所有。

"尸体不是泥土的再次开始,其中包含着疲倦、忧伤和天才。"记得大学时,一位同学乐衷于手抄各种诗歌,古代的、近代的……工整的钢笔字一丝不苟,问他是不是为了练字,他总是不作声,我们都不理解。后来想想,他不为别的,只为那纯净的理想。

在空空如也的四合院,孤独的我画出一幅美丽的图画:绿岭青坡、美丽的姑娘、花边的被窝、四季不愁的粮食、安详的母亲、寂寞天空中的月亮……在画饼充饥的昨日,海子为我们描绘了一幅美丽的画,画中有纯净的天空、无尽的麦田、灿烂的太阳、坚持的梦想……为了画中的一切,我们行走在追逐的路上,从未停止。

没有了女神与白马王子,也许梦不完美,而在任何时候,我们都会怀念小时候与同桌吵架绝交用一块糖就可以和好的纯真,怀念那些遇到任何困难都用一句"没什么大不了"挨过去的勇敢。现在做不到了,就如同海子给我们描述的一样,理想的国度里,人类和植物一样幸福,爱情和雨水一样幸福。

忘记吧,忘记吧,忘记那些潮湿时光里发霉的幻想,忘记那些无力诉说的假装沉默,忘记那些无关对错的理解包容,再见,旧时光。

你好,新梦想。

谁偷了我的年少轻狂

我们属于这样一群人——出生时赶上计划生育,险些无缘这个世界;高考时赶上高校收费并轨,险些无缘高等教育;谈恋爱时赶上流行野蛮女友;大学毕业时赶上不包分配;要买房时房价已在云端;刚买车就赶上奥运,油价上涨速度向刘翔学习。我们丢失了天真,却还没获得成熟;我们丢失了梦想,却还没获得领悟;我们行走在"丢失之路"上,却还没到达"获得之国"。

我问上帝,如何才能写好一份报告。上帝回答说,你要把想象力抛弃。于是,我当上了经理,但我的笔再也写不出诗。

我问上帝,怎样才能找到财富。上帝回答说,你要把青春遗忘。于是,我有了两套房,但我的小腹开始走样。

在迈向三十岁前的最后一年,我不断尝试寻找当初遗忘的青春,如同荣归的君王寻找当年流浪时的私生子。我按照我记忆中的剧本寻访故里，但怎么也找不到青春存在的证据，就像不能想象我那一团脂肪曾经是肱二头肌。

仿佛有个人，把记录我年少轻狂的片段，从录影带里偷偷剪走了。

我小时看书多，于是早熟，可能早熟的人都有些早衰，我从小就特别忧郁和寡言不群。当同龄人还在看《小朋友画报》时，我已经在看《飞碟探索》；当他们用泥玩堆房子时，我已经在度量自己家房子的风水；当他们开始背《小学生守则》时，我已经知道了黑格尔。我每天都发呆和沉思，知道得越多，就越陷在对这个神秘世界的恐惧里拔不出来。我不知道为什么小朋友们晚上不怕被外星人掳走，而我自己一到天黑就待在家里不敢关灯。我不知道为什么大军家院子里有棵槐树但他一点都没事，而我每次到他家玩都感觉阴风阵阵。我不知道为什么大家那么没心没肺，难道他们不知道时间是永恒的，宇宙是没边的？我一直认为，在老师和长辈眼里，幼年的我应该是一个小老头般深沉的角色。

多年后的小学校友会，我碰上几位老师，就此请教他们对小时的我的印象。他们说："你呀，小时候既单纯又容易被骗，有个调皮的同学拿羊屎蛋骗你说是山枣干，你还真吃了好几粒。"我迷惑了，这是我吗？于是又找我的大伯去问我小时候是什么样子。他说："你呀，从小就胆大，爷爷讲鬼故事都吓不到你，还经常翻墙去隔壁院没人住的房子探险，把墙头的砖都扒掉好几层。"然后我就更加迷惑，为什么自己记忆里的我，跟他们记忆里的我，似乎不是同一个人？

为了找回童年的真相，我又趁回故乡之机把几个儿时的死党约到一起。由于离乡后每次回老家都来去匆匆,我跟这群死党已是多年未见,乍一见面竟若陌人。小时打架勇猛的大军学会了腼腆,还戴着眼镜;一直是我们跟屁虫的小洋却一身警服顾盼自雄;而小时候我的"小媳妇"华华如今已嫁作他人妻。这情形就像演红了一个角色的演员去演另一个风格迥异的角色,面目熟悉,但观众心里越看越别扭。虽说如此,几杯酒落肚,气氛活跃起来,话题转移到童年的一桩桩乐子。我兴高采烈地说起我印象最深的一件事,那是我和华华在某个秋天偷玉米,被主人发现后追骂,我俩跑掉后又返回,把那家另外种的十几棵白菜用自制的皮鞭抽烂。我说,到现在我还记得跟华华慌慌张张逃跑时那种患难与共的感觉。说到这里,我含情脉脉地去看华华,却发现大军的眼神很怪。大军跟我干了一杯酒,咂咂嘴,说:"那天跟你偷玉米的人,是我,跟你抽白菜的,也是我。"一直默不作声的华华淡淡地说:"你们抽烂的白菜,是我家种的。"我愣住了。

就这样,我离开了故乡,心中仍是迷茫一片,原来就算现存的记忆片段,也被不知名的黑客篡改了。

封闭了记忆的人,就像被封了任督二脉的武林高手,虽然仍能坐立行走,却如同一个废人。我想,我应该还不算全废,因为我虽然已找不到稚气的童年,但起码浪漫的少年时代还清晰如昨。我记得在那段浪漫的时光里,我经常在傍晚骑自行车带我那时的大学女友、现在的我的妻子,去公园看别人燃放烟花,因为我没钱买那么巨型的、绚丽的烟花。

几年后,同样的傍晚,同样的弯月,我开车和妻子下班回家,喧闹的街头,沉默的车内,忽然,远处的天空升起了烟花。我对妻子说:"看,亲爱的,烟花!"妻子扭头瞅一眼:"哦。"漠然地应了一声，又低下头摆弄手机。

窗外一个男生骑着自行车，载着女孩经过，女孩手指着烟花说着什么，脸上有多年前同样的笑容。我终于知道，我已经武功全废，年少不再。

岁月如炬，将回忆的胶片付诸灰烬，谁还记得清那一年、那一夜的美好景色与清澈眼神，那些以为会永世铭刻的一切诺言、浪漫、轻狂，最终都敌不过一声轻叹，一阵清风，一缕焰火绽放后的青烟。

把远去的日子，寄存起来

在把光碟放进车内音响的那一刻，她甚至听到了自己的心跳。她淡淡地想起那个有点遥远的下午，飞奔过去的心事。

那天，在那个平常的下午，那个平常的房间，她把耳机放入耳内，那段轻透如天籁般的旋律清晰地流进她的耳朵、她的心底。她幸福地张望，窗外，阳光明媚，紫荆花开，身边的他，毫无察觉。

那些平常的场景，那些可有可无的话，唤醒了她沉睡的心灵。一直以为，时间过去，故事往来，幸福也许越来越远，那个平常的下午，那首平常的歌曲，那个平常的房间，她得知自己原来一直醒着，那些幸福从未远离，它就隐在那些平淡琐碎的生活细节里。

她小心翼翼地丈量着理想与现实的差距，所有的美好总呈现着最脆弱的本质，因此，她用她的敏感、犹豫、反复甚至不舍，牢牢地将他隔绝在生活的围墙外，对他的任何一个幻想都没有实际的内涵和意义。没有现实的支撑，他即使在她生命的角落里也根本无法生根，她明白，一旦所有的契机逝去，所有的故事立即就会烟消云散，时间逝去，终有一天不留一丝残痕。

没有谁是谁的结束。他就像所有可能的暗示，点缀在某一个瞬间，她生命的某一个转角，但不代表任何实质的意义。

这样，拥有和失去就没有了明显的区别，差别也许只在一些细节，就连意义都雷同。

半年后的一天，她突然明白了这一点。那一天，心竟莫名地有些快乐。

不为人知地，她还保留着所有与那个下午相关的痕迹，流连在那些平淡如水的字里行间，那时，所有的意识还未启动，所有的开始充满阳光。

在他离去后的某一个下午，她又毫无征兆地来到那个地方，在邻近那房间的另一个房间，她同样地向外张望，窗外是近乎雷同的风景，依旧阳光明媚，紫荆花开。她闭上眼，想象着他的临近，在这个最接近那个平常下午的下午，抗拒着思念的来临。

而他已在她的千里之外。

那一天的深夜，她在网上四处搜寻着那首歌曲，不厌其烦地下载下来，刻录在光碟上。

在把光碟放进车内音响的那一刻，她甚至听到了自己的心跳。她淡淡地想起那个有点遥远的下午，飞奔过去的心事。

总有一天，有些往事犹如心事一般，轻轻甚至不留痕迹地藏在生命的一个角落，但与自己的生活再也无关。

而她的一些心事也许就在这张碟里。

她轻轻把碟放进车内的音响,那熟悉的轻透如天籁般的旋律流出,她仿佛闻到了那个下午的气息,她闭上眼睛,内心充满了幸福。

第二部分　你要知道，你不需要亮过一切星星与灯

我们在一片安谧中长大成人

忽然被投进这大千世界

无数波涛从四面袭来

周围的一切使我们兴趣盎然

有些我们喜欢,有些我们厌烦

而且时时刻刻起伏着微微的不安

我们感受着,而我们感受到的

又被各种尘世的扰攘冲散

时光如语

　　时光像穿梭于生与死的纽带，连接着我们的过去与未来，在时光里，人生的故事陪伴着我们度过了无数个夜深人静的时刻。

　　那时曾经的记忆或许早已不复存在，但人生的故事成为被记忆修改过的永恒。即使慢慢长大，儿时的幻想光芒渐渐退却，基调却依旧沉实，并不时在胸口发出热量，这热量代表着爱、善、勇气、正直和美，代表我们在这个世间曾经拥有过但也最容易被忘却的道理。

　　世界上有许多东西是眼睛看不到的，是狭小的心眼想象不到的，像爱心一样慷慨和忠诚，把我们的生活以及生活中的苦恼和快乐带到最美丽的境界。

　　时光像流水一样渐行渐远，却无法隔断与生命的连接，无论在怎样的人生历程中，都会像陪伴我们的亲人一样，快乐着快乐，痛苦着痛苦……

在时光里,我们急于成长,然后又哀叹逝去的时光;我们在青春里以健康换取金钱,不久以后又想用金钱换取健康。我们对未来焦虑不已,却忽略和无视眼前的幸福。因此,有时候,我们活得困惑和迷茫,觉得自己既不活在现在,也不活在未来,活着时仿佛从来不会死亡;而在生命的最后时刻又觉得自己仿佛从未活过……

你们曾经有过这些经历吗?情绪低落、兴趣缺乏、乐趣丧失。对日常生活和娱乐活动都缺乏兴趣,觉得毫无疑义,似乎已经"看破红尘"。习惯于离群索居,不与人来往。心理症候群:焦虑、自责自罪、幻觉、妄想、注意力和记忆力下降、对各种事物做出悲观解释、出现自杀观念和行为、思维迟缓、行动迟缓、工作能力下降、烦躁不安、紧张激越。躯体症候群:睡眠紊乱、食欲不振、性功能减退、精力丧失、症状晨重夜轻、头痛、全身疼痛、周身不适、胃肠道功能紊乱、尿频尿急。患者感到吃饭没有香味,严重者出现拒食。

我们在内心深处的追寻和喜欢,往往被我们的内心所束缚,思想的牢笼禁锢了我们表白的语言,羞于启齿使我们既错过了时光也错过了青春,等到我们敢于直面人生时,已经无法用语言来温情地传述自己的内心了。

时光如语言,充满着温馨,也浸润着伤感。时光如语,温暖人生。年轻的朋友们到底发生了什么?

焦虑症状：
当全部黑暗俯下身来搜索一盏灯

不再坚强的心，于黑暗是甜美

阳春三月，正是踏青赏花好时节，然而对于高三的学生来说，却是全力以赴冲刺高考的开始。主人公小白，是江苏南通的一名高中女生，她的故事，也许正在很多学生身上悄悄地发生。

问题 一到考试就心烦意乱，该怎么办？

中午12点半，正是学生的午休时间。随着一阵轻轻的敲门声，小白走了进来。"老师，我现在一遇到考试就心烦意乱，根本不能发挥正常水平，还有几个月就高考了，该怎么办啊？"

小白的声音里带着哭腔，可以从中感受到焦急与无奈。通过谈话，了解了她的情况：随着高三学习压力加大,如今的她一到考试就烦躁、慌乱,饭吃不香,觉睡不好,严重时,还会引起生理上的反应,如胃胀、拉肚子、感冒等。一模考试时,她甚至在考场上出现过"大脑一片空白""思维停滞"的现象。"现在,只要老师、家人或朋友向我提及复习迎考之类的话题,我就会很紧张,找各种借口回避。"小白苦恼地说。

老师的诊断 这属于典型的"考试过度焦虑综合征"。

小白的情况,在很多学生特别是高三学生身上发生着,但表现出的轻重程度有所不同。面对考试,每位学生都或多或少有些紧张。适当的紧张,有助于调动人体内的能量,提高兴奋度,提升学习的速度和效率,有利无害;而过度的紧张,则会引发人的不良情绪,如焦虑、不安、易怒、沮丧等,其害处就显而易见了。小白的情况更严重,她不但心理出现了问题,生理上也受到了影响,长此以往,不仅自信心会受到严重打击,健康状况也令人担忧,如果以这种心态来面对高考,成绩想必不会理想。

其实,考试焦虑是高中生最常见的一种心理问题,除了学习压力繁重的高三学生外,刚刚入校的高一新生也是"易发人群"。比如我们学校,作为一所省级重点中学,学生大都是初中时期的佼佼者,学习自觉性高,对考试成绩也比较在意。参加考试以后,如果成绩平平,与原先的"期望值"不符,就容易对考试产生抵触、惧怕的情绪,进而演变成考试焦虑。因此,如何缓解"考试过度焦虑综合征",以正确的心态来应对考试,是同学们在高中阶段始终要面对的重要问题。

我们对此类案例的基本理解和判断:

从心理学角度来看,这是典型的考试焦虑。最寻常的缓解做法有以下几种：

1. 焦点转移法。简单来说，就是转移关注的焦点，放松心情。比如，在学习之余听听音乐、散散步，让紧张的学习节奏放缓，同时暗示自己"该复习的都复习了，没什么好怕的""已经参加了这么多次考试了，再多一次也没什么关系"。就我们的经验看，这是同学们平时使用得相对比较多的方法，也是操作性比较强的方法，它可以帮助调节过度紧张的心态，在考场上发挥正常水平。

2. 自我暗示法。古时候有两个秀才进京赶考，结果在路上遇到了一支送葬的队伍。其中一个秀才心想：才出门就碰见这样的事，真晦气，今年肯定考不上了。另一个秀才则心想：不错啊，棺材，升官发财！这次定能金榜题名！相较之下，后者的心态无疑更胜一筹。有人认为这是迷信，其实站在心理学角度，这就是一种典型的心理暗示。心理学中有个理论——皮格马利翁效应，指人们基于对某种情境的知觉而形成的期望或预言，会使该情境产生适应这一期望或预言的效应。简而言之，就是你期望什么，如果内心自信、乐观，往往更容易获得。所以，不妨每天都给自己一些积极的心理暗示，比如"复习得这么全面，怎么可能考不好""功夫不负有心人，这么努力，一定能成功"等。要记住一点——人的潜力，永远比自己想象的大。

3. 系统脱敏法。找一个安静的场所，让自己静静地坐着，闭上眼睛，想象整个考试的过程：来到考点门口，看到了很多考生，还有送考的家长——紧张了——好，停下来，不要再接着往后想，而是试着让自己放松，等到不紧张了，再闭上眼睛继续想。来到了考场教室的门口，同学们在叽叽喳喳地互相问问题，又紧张了——再次停下来，继续放松……就这样，反复训练，长此以往，等到真正上考场时就会轻松许多。

4. 体育锻炼法。长时间的单调刺激易使神经疲劳，从而引起生理、心理疲劳。运动能使刺激强度得到变换，起到改善、调节脑功能的作用。当然，适当的体育锻炼，除了能提升学习效率外，还可以有效地疏导情绪，缓解紧张、焦虑的状态，同时增强心理承受力。不过同学们在运动时还要注意以下几点：运动场地安全，空气流通；进行自己喜爱的、能使自己产生愉悦感的运动；运动强度低到中等，防止受伤和过度疲劳；在睡前、学习前、考试前一小时不宜进行激烈运动。

5. 现场放松法。有节奏、有规律的深呼吸，可以增加吸氧量，舒缓神经，从而缓解紧张情绪。如果同学们在考试现场出现过度紧张的情况，可以采用深呼吸的方式，帮助自己渡过难关。正确的方式是：选取一个放松的姿势坐好，然后慢慢地闭上眼睛，慢慢地呼气，想象着通过呼气将紧张、焦躁之气排出；然后再慢慢地吸气，想象着吸进了清洁、轻松之气……反复几次，会有比较明显的效果。

可喜的是，运用这种方法，经过一段时间的努力，小白高兴地对我说，她的考试焦虑症状已经明显减轻，近阶段的几次小测试也都取得了不错的成绩。现在的她感觉整个人轻松了许多，对高考也更有信心了。不知正在求学道路上踽踽前行的你，能否从小白的故事里得到启发呢？

我们的分析与判断

彻底克服考试过度焦虑，要从思想上认清楚考试焦虑的性质。其实,考试焦虑并不可怕,它是漫漫求学路上的一个伙伴,或早或迟、或多或少、或轻或重地存在于我们跋涉前行的背囊之中,过重不行,过轻也未必好。面对它、重视它、正确处理它,才能最终战胜它。

睁开眼睛，他已经不是那个他

（一）姓名：ZCJ。

（二）性别：男。

（三）年级：南通某中学2014级。

（四）家庭背景或成长经历：单亲家庭。

（五）进入高中前大致情况：上课经常瞌睡，作业时常拖拉。

（六）性格异于常人的主要描述：

1. 脾气暴躁；

2. 性格孤僻、倔强；

3. 极度自负，实为极度自卑。

（七）原因估计：

1. 缺少家庭的温暖，母亲改嫁，随父亲生活；

2. 父亲工作繁忙，且脾气暴躁，处理问题简单粗暴；

3. 与社会青年交往过密。

（八）高考成绩及学校：无。

（九）目前工作与生活状态：尚正常。

我们的分析与判断

离异对孩子普遍存在伤害，社会、学校要给予心理层面的抚慰。

没有一个成分因为珍贵而可疑，
也没有因为姿势而分心

（一）姓名：ZYH。

（二）性别：女。

（三）年级：2015级。

（四）家庭背景或成长经历：母亲是小学教师，父亲在事业单位工作，家庭条件尚好。

（五）进入高中前大致情况：以较高分数考入县区重点中学，后因学习压力无法化解，不能适应县区高中生活，以致产生心理问题，并影响到身体健康。休学半年，父母费尽心思，调动工作，随其一起转入市区，该生从此在市区重点高中就读。

（六）性格异于常人主要描述：

1. 自我要求上进，但是考试前后会比较焦虑，有时一到考前就生病，无法进行正常考试，心理问题已经影响到身体健康；

2. 有表现欲望，运动会、合唱团都喜欢参加，且比较开心，平时在学习上得不到的自信，在这些方面得到补偿；

3. 转入市区前有抑郁倾向，对县区学校的班主任排斥，数学学习障碍大，尤其成为心病。

（七）原因估计：

1. 自我要求高，又不能达到设定的目标，找不到自信；

2. 父母对孩子的要求高，当孩子不能适应县区重点中学时的学生生活,又将其转学到市区重点中学就读,并调动工作,以便照顾生活,这其实也为孩子的自我放弃和躲避埋下了隐患。

（八）目前生活状态:目前在校就读,情绪尚稳定,在班主任的劝导下,母亲能意识到健康的重要性,不强求孩子,经常带孩子锻炼身体。

我们的判断与分析

适应环境与人为拔高的问题,影响孩子的一生。

生活中也许隔离,灵魂里有他的存在

(一)姓名:HYJ。

(二)性别:女。

(三)年级:镇江某中学 2012 届。

(四)家庭背景或成长经历:重组家庭,跟母亲生活,母亲拒绝父亲见女儿。

(五)进入高中前的大致状态:学习始终处于焦虑状态。

(六)性格异于常人主要描述(包括演变):沉默寡言;回家后大量咀嚼面包,然后吐掉。

(七)原因估计:与生父无法见面,母亲管得过细。

(八)高考成绩或学校:南京某大学。

(九)目前工作与生活状态:上大学后,与生父接触,一切恢复正常。

我们的判断与分析

父亲在孩子的教育过程中有一种特殊的作用,看似云淡风轻,但是雁过留声,一个缺失父爱的孩子,不知道会受到什么样的影响,无法想象……

清除你无法挽救的，扔掉你无法咀嚼的

（一）姓名：CYF。

（二）性别：男。

（三）年级：南通某中学2015届。

（四）家庭背景或成长经历：父母都是小学教师，小学阶段受奥数培训影响，对数学有兴趣。

（五）进入高中前大致情况：初中时成绩排在年级前几名，偏理科，文科弱于理科，文字书写较差，中考发挥失常，进校成绩排在130多名，有严重的失落感和较大的压力。

（六）性格异于常人主要描述：高一、高二学习情况较好，特别是理科竞赛中取得优异成绩，生物、数学、物理、化学均获省一等奖，信息技术获全国一等奖。进入高三后，模拟考试发挥不太稳定，尤其是语文成绩，常低于班级平均分，有强烈的焦虑情绪。北大招生组的老师在座谈会中都发现了这个孩子严重的焦虑情绪，肢体语言、面部表情有异，嘴唇也有明显反映。

（七）原因估计：

1. 进入高中后强烈的欲望是考取北大或清华，高一、高二发展顺利；

2. 高三模拟考试成绩不稳定；

3. 受初中毕业考试失败的影响。

（八）高考成绩及学校：2015年考入北京大学。

（九）目前工作与生活状态：生活状态稳定。在高考前，

学校领导、班主任从多方面对其减压减负,细致的心理辅导是最后成功的保证之一。

我们的分析与判断

事实证明焦虑症是可以缓解或治愈的,但这个孩子的情绪需要持续管理。

此刻要前进，要大胆追出去

（一）姓名：LJ。

（二）性别：男。

（三）年级：扬州某中学2015届。

（四）家庭背景或成长经历：县区农村孩子，父母无固定工作。

（五）进入高中前的大致状态：某初中的优秀毕业生。

（六）性格异于常人主要描述（包括演变）：性格孤僻，不愿与老师、同学交流；不愿接受老师和同学的帮助，家庭经济困难，但不愿意接受社会、学校的资助；暗恋女生，不敢表白，心理压抑，成绩直线下滑。

（七）原因估计：自信心不足；适应不了竞争激烈的学习环境；受家庭环境影响，有自卑心理。

（八）高考成绩：高考311分。

（九）目前生活状态：录取于大理大学后未报到，现在某县区中学复读。

我们的分析与判断

农村中学出来的优秀生在原来的环境里是天之骄子、老师的掌中宝，到了新的环境中，如果不能重新获得较好的成绩，那么他们比一般的孩子不适应感更强，常常会沉默寡言，内心好强。其实原因是多方面的，首先当然是自己的能力没有能够适应新的环境。其次是某些程度上受社会大环境的影响，市区重点初中出来的孩子往往会抱团学习和娱乐，甚至他们的父母也会抱团报课外班，县区的孩子就常常被孤立在另一个群体里。如果家庭条件再差一些的话，县区的孩子连加入他们娱乐和课外学习的机会都不会有，结果只会是越来越自卑。

有一种声音,或许只有自己能听见

(一)姓名:WWQ。

(二)性别:女。

(三)年级:南通某中学 2015 届。

(四)家庭背景或成长经历:小学阶段各方面均很优秀,母亲为幼儿园教师,父亲是公务员。

(五)进入高中前的大致状况:高二下学期转入本班,之前因病休学半年。

(六)性格异于常人主要描述:

1. 与同学沟通交流甚少,仅与同桌交流多些;

2. 厌学,特别在阶段考试、期中期末考试前多发;

3. 高三上学期期末前情况严重,沉迷网络,幻想一学长追求自己,认为自己是最优秀的。

(七)原因估计:家庭教育方式欠当。

(八)高考成绩及学校:本二线上,录取于某大学。

(九)目前工作与生活状态:未知。

我们的分析与判断

教师与家长需要给一些性格异常的孩子更多关爱,特别是在青春期阶段。

在宽广或狭窄的地方发芽生长

（一）姓名：QJY。

（二）性别：女。

（三）年级：南通某中学 2015 届。

（四）家庭背景或成长经历：父母亲开物流公司。

（五）进入高中前的大致状态：因为心理问题已经休学过一年，但是进入新的集体时仍然非常优秀。

（六）性格异于常人主要描述（包括演变）：不善与人交流；一旦学习就特别痛苦，不能上学，只要不上学在家一切正常；高三第二学期几乎没有上学，但是仍然参加高考，考试时紧张得吐了，但是坚持考完所有科目；畏惧考试，只要不考试就很正常；初中就有这样的情况。

（七）原因估计：学习压力大；非常要强。

（八）高考成绩及学校：录取于本一学校。

（九）目前生活状态：正常。

我们的分析与判断

仍是考试焦虑症，只要缓解压力，加以引导，没有大碍。

在一滴水里,将自己的声音寻觅

(一)姓名:CR。

(二)性别:男。

(三)年级:南通某中学2014届。

(四)家庭背景或成长经历:父母是一般工人。

(五)进入高中前的大致状态:正常考入学校。

(六)性格异于常人主要描述(包括演变):精神焦虑;无法集中注意力学习;考试时无法控制情绪。

(七)原因估计:进入高一后就无法跟上学习,只能在各种活动中寻找心理安慰。

(八)高考学校:考入上海某大学。

(九)目前生活状态:大学在读,曾回校看望老师,看上去非常开朗活泼。

我们的分析与判断

必须尊重孩子的差异性,按差别化的方式去培养,着重训练他们的性格。

强迫症状：
亲爱的，你选择了哭泣和等待

盒子里没有小怪兽

（一）姓名：ZJ。

（二）性别：男。

（三）年级：南通某中学 2010 届。

（四）家庭背景或成长经历：正常，与父母关系略微有点紧张。

（五）进入高中前的大致状态：与父母关系紧张，与人相处时有抗拒心。

（六）性格异于常人主要描述（包括演变）：为人谨慎，不开朗，很少看到笑容；与家长分开居住，不与家长多接触；多洗手（强迫症）。

（七）原因估计：家长要求高，自身压

力大。

（八）高考学校：南京某本一院校。

（九）目前生活状态：美国某大学读研究生。

我们的分析与判断

有时感觉每个心理有问题的孩子都是天才。其实，他们真的是天才，只是稍稍打了个瞌睡而已，他们智商超群，有些小小的怪癖，为什么非要取个名字叫强迫症呢？只是有时候他们所做的行为、所说的话很少有人能理解而已，或许，他们不在意。

能长久跟随的是刺,不是花瓣

(一)姓名:ZRL。

(二)性别:女。

(三)年级:泰州某中学2010届。

(四)家庭背景或成长经历:父亲曾经是个体行业从业者,目前在航空公司工作。

(五)进入高中前的大致状态:正常水平考入高中,入校后成绩较优秀,一直是班干部,各种表现较为正常,除了较为内向,不与太多人交流外,其他情况稳定。

(六)性格异于常人主要描述(包括演变):高三与学习成绩好的数学课代表同桌后,一直说同桌不好,早自习都是自己一个人坐在最后一排,老师想帮她调座位,她又怕和成绩不好的同学坐,不愿意调座位。孩子一直对这件事情耿耿于怀,以至于父母也来学校闹,不明就里。

模拟考试成绩稍稍不理想的话,情绪就十分低落,但是自己会去找学校心理老师聊天,在家有自杀倾向。

和男生谈恋爱,班主任告知其父母让她最好不要谈恋爱,以免影响学习,父母坚决不相信,但是在家里给孩子各种压力,孩子开始不说话,上课不看老师,以自学为主。

(七)原因估计:据了解,该生在初中就有过自杀倾向,主要是父母给的压力比较大,父母心态非常不好。据孩子自己说,父母曾经因为她考得不好把她放在洗衣机里面转过,但是真假无从考证。

父母给的压力过大,父母自己心理也有些问题,感觉孩子的问题是被父母逼出来的。

(八)高考成绩及学校:考入南京某大学本硕连读。

(九)目前生活状态:上了大学以后不再与以前的同学和老师联系。

我们的分析与判断

受父母影响极大,父母极度不正常。过度的压力和自我的好强,常常会让孩子陷入无法自拔的痛苦和抑郁状态,以致要自杀。如果不加以引导的话,非常容易走极端。

隐秘的叶子都被留下，人们因坚强而微微发抖

（一）姓名：WC。

（二）性别：男。

（三）年级：苏州某中学 2014 届。

（四）家庭背景或成长经历：父亲在海关工作，母亲自己开公司。

（五）进入高中前的大致状态：正常考入。

（六）性格异于常人主要描述（包括演变）：强迫症，考试前上厕所人家碰撞他，他就会很难过，卷子做不下去；初中时有一次右腿撞到桌子，后来经常要用左腿撞一下桌子才罢休；考试时候，老师没有及时给他贴条形码，后来补上，但是他考试过程中一直看条形码，影响考试；高考时，考场上脱外套碰到人家笔袋，后来一直要转头看人家笔袋有没有掉下来。

（七）原因估计：进入高中后有压力；父母要求高；到南京复读后，不断告诉自己，自己不是这个水平，想再给自己一次机会；高二时父亲得了癌症，家庭对他的期望更大。

（八）高考成绩及学校：高考没有考好，去南京复读，后考取北京某大学。

（九）目前生活状态：大学在读。

我们的分析与判断

其实每个孩子心理都有脆弱的成分,父母一路同行,要分担他们藏在心里的胆怯,特别是在家庭有变故的时刻,要努力让他们坚强,有一个好的性格伴随他们的人生。

打开胸膛,心里有棵被偷的玫瑰

(一)姓名:STY。

(二)性别:男。

(三)年级:南京某中学2014届。

(四)家庭背景或成长经历:家庭条件优越,父亲在海关工作,母亲从商。

(五)进入高中前的大致状态:正常考入学校。

(六)性格异于常人主要描述(包括演变):强迫症,回家后吃完饭不能碰书,否则觉得东西会掉到书里;家里书橱要锁起来,不让任何人触碰他的书橱;学校的桌子要反复擦拭,没有同桌,不能和别人过多接触,否则觉得太脏;牙齿要反复刷,直到刷出血为止。

(七)原因估计:自我要求高,达不到优秀的程度后开始强迫自己;父亲也有性格缺陷,父亲的性格有点女性化倾向。

(八)高考学校:考入南京某大学。

(九)目前生活状态:进入大学后积极参加学校社团活动,表现得比较活跃,上大学后没有压力了,生活得就比较轻松。

我们的分析与判断

这个学生非常聪明,初中阶段回家不做任何作业,只是靠上课听讲,经常还能考入班级前几名。以班级第三的成绩进入高中后,越来越感觉到有差距,就开始产生心理变化,再加上本身遗传上的性格缺陷,最终形成强迫症。

如果他跟你走，就会看见你的背影

（一）姓名：HQ。

（二）性别：男。

（三）年级：江苏盐城某中学2009届。

（四）家庭背景或成长经历：一般工人家庭。

（五）进入高中前的大致状态：初中比较优秀，但性格有点固执。

（六）性格异于常人主要描述（包括演变）：对于老师不太容易接受；若数学作业未做完或不会做，他可以其他作业都不做，查各种资料把某一题弄懂。

（七）原因估计：学生自己要求较高，容不得一点不会；家长给孩子的压力比较大。

（八）高考成绩及学校：录取于南京某大学。

（九）目前工作与生活状态：第一份工作就职于 IBM 公司，后被解雇，原因是不能适应公司的人际关系；第二份工作是在成都某公司，目前状态未知。

我们的分析与判断

其实这是个很聪明的孩子，一个聪明的人如果没有达到他自身的要求，便会有些执着，以至于固执，其实数学只是他固执的一个点而已，与其说他执着于数学，不如说他想通过战胜数学来达到自我内心的满足。这种不利的影响，会一直伴随着他。

抑郁症状：
我是与黑夜相识的一个

一切抚慰都不是徒劳

（一）姓名：QY。

（二）性别：女。

（三）年级：南通某中学2009届。

（四）家庭背景或成长经历：成长于一般职工家庭。

（五）进入高中前大致情况：自小学习上尚自觉，成绩一直比较平稳。

（六）性格异于常人主要描述：

1. 她是被父母领养的，从小父母对她宠爱有加，任何要求都加以满足。她有个堂妹，她是一直在和堂妹的比较中长大的，处处和堂妹争高下。

2. 无意中知道了自己的身世,极度自卑,埋怨自己的亲生父母,觉得所有人都亏欠她,在学校与同学不能很好相处,没有朋友,以至于也没有学习的积极性。考入一般本三类院校,不愿意去上学,觉得丢脸,后经劝说,去学校报到,但是大学期间与室友无法相处,几度想要退学回来,非常艰辛地坚持完成了学业。

3. 毕业后尝试过多份工作,都因人际关系无法坚持下来,一天到晚只想做轻松的事情,领高额薪水,甚至是不工作。

4. 无工作后,可以躺在家里几天不吃不喝,父母的话根本听不进去。

(七) 原因估计:

1. 从小养父母对其娇生惯养,宠爱过度,又喜欢和亲戚小孩比较,养成了极度虚荣和好强的心理。

2. 受身世影响,不能正确认识问题,造成对周围人和事的认识偏差,尤其是后来亲生父母也不想再要她,亲生姐姐比较优秀,让她更憎恨父母。

3. 舅舅家里条件非常好,很羡慕那些家庭中孩子的生活,一直想坐享其成,不劳而获。最大的愿望就是有人养着她,过富足的生活。

(八) 高考学校:南京某大学本三。

(九) 目前工作与生活状态:目前仍赋闲在家,已经接受过心理治疗,其养母还把她送去精神病医院治疗过,医生鉴定其并没有精神问题,只是心理问题,目前没有较好的解决方法,父母都痛苦不堪。

我们的分析与判断

家庭类似的状况对孩子的打击是必然存在的,需要父母投入更多的关爱。

想起天使,想起厄运,想起你

(一)姓名:HAP。

(二)性别:女。

(三)年级:南通某中学2015级。

(四)家庭背景或成长经历:父亲常年在外地工作,母亲是自由职业者。

(五)进入高中前大致情况:学习成绩尚可,极其爱好读书、绘画。

(六)性格异于常人主要描述:

1. 内向,孤僻,不合群;

2. 过敏多疑,易受暗示影响。

(七)原因估计:

1. 家庭教育几乎缺失,常常独自一人在家;

2. 读书、绘画等兴趣,又让该生处于封闭状态;

3. 高中学业压力过大,适应性较差,故而无法融入集体之中。

(八)目前工作与生活状态:尚可。

我们的分析与判断

除家庭原因外,你会发现喜欢艺术的孩子,往往抗压能力更差。

天堂鸟也会在冷漠中哭泣

（一）姓名：JQ。

（二）性别：女。

（三）年级：南通海门某中学 2015 级。

（四）家庭背景或成长经历：离异家庭，父母在同一事业单位工作，随母亲生活，外婆退休前是医生。

（五）进入高中前大致情况：初中阶段，初一、初二成绩较好，初三由于学习压力过大，出现幻听症状，影响学习，进行心理治疗。中考前母亲劝其轻松考试，无所谓是否考取重点高中，但是该生说一定要给自己一个交代，拼命追赶，以正好踩分数线的成绩进入重点高中。

（六）性格异于常人主要描述：

1. 内向，不善于与人交流，脸上很少笑容，经常低着头，目光呆滞，眼光闪烁，自卑，只在某一次体育活动课上看到与同桌（一个体育生）一起逃课留在教室，两人亲密谈笑，估计体育生让她感觉学习在一个层次上，互相能理解尊重。

2. 军训期间，由于受不了教官的责备，自称有抑郁症，正在服药，要求退出军训。后经联系其父母亲确认，确实在服用药物，于是提前结束军训。回家后找心理医生就诊。

3. 到高一下学期后，又有情绪波动，在家沉迷于手机，感觉学习跟不上去，开始自暴自弃，只要母亲没收其手机就不愿意去学校上学，母亲无奈经常为其请假旷课。

（七）原因估计：

1. 父母离异对孩子的心理产生较大影响，母亲过分关注孩子学习，言谈间都是孩子的学习。

2. 随着年级升高，学业难度加大，学习跟不上，学习压力过大，自己既十分要好要强，又不能很好地转化压力。

3. 一个内心要强要好的孩子找不到自信和精神寄托。

（八）高考成绩及学校：高中再读。

（九）目前生活状态：目前仍在积极接受治疗，服药。

我们的分析与判断

离异对某些性格内向的孩子的打击是致命的，有时候怎么努力也难以完全消除这种影响。

特别的你，应当回到一个正常的世界

（一）姓名：SX。

（二）性别：女。

（三）年级：南通某中学 2015 级。

（四）家庭背景或成长经历：父母离异，由奶奶带大，亲情关爱缺失。

（五）进入高中前大致情况：孤立自己，缺少交流，基本不参加集体活动，对同学特别是家庭和睦的女生嫉妒心强，学习成绩不突出，但还比较稳定。

（六）性格异于常人主要描述：

1. 个性太强，其实自卑；

2. 对同学有疏远之感，甚至莫名嫉妒。

（七）原因估计：

1. 离异家庭的特殊背景使然；

2. 性格太刚强。

（八）目前工作与生活状态：尚稳定。

我们的分析与判断

离异对孩子普遍存在伤害，社会、学校要给予心理层面的抚慰。

归途总比迷途长,长于一生

（一）姓名：GYQ。

（二）性别：女。

（三）年级：南通某中学 2014 届。

（四）家庭背景或成长经历：父亲是某院院长，母亲是职员。

（五）进入高中前的大致状态：择校入学，从小能歌善舞，善于表现。

（六）性格异于常人主要描述（包括演变）：出现幻听；药物治疗，抑制情绪，经常想睡觉；进入高中后发现优秀生非常多，甚至画画都没有优势了；学习失落后，以人际关系作为精神支柱，后来一个同学对她说了句"你真会显摆"她就精神崩溃了，从此幻听，总觉得别人在说她坏话。

（七）原因估计：家庭条件优越，能歌善舞，从小被表扬，尤其是画画；择校入学，但是自认为非常优秀，一旦学习失利，以人际关系作为支柱，所以容不得别人说她半点不是。

（八）高考成绩及学校：当年休学治疗，复读一年。

（九）目前生活状态：休学了一段时间，走艺考道路，考到国家美术学院，现在正常。

我们的分析与判断

孩子的成长过程不能因为条件的优越而享受过多的赞誉和爱护，任何事情过犹不及。这个学生就是因为从小的优越感太强，以至于有一天遇到挫折时，难以适应。

行为偏离状：
别对我说你不存在，
你是存在的，你也不完美

> 对一个孩子狭窄的爱，
> 愧对今晚舒朗的夜空

一、基本资料

（一）姓名：LBB。

（二）性别：男。

（三）年龄：15 岁。

（四）籍贯：江苏南通。

（五）学校与年级：南通市某中学初二。

（六）个案来源：班主任转介，约到咨询室咨询。

（七）家庭背景：

1. 家庭成员：父亲，43岁，中专毕业，技术工人，后下海经商，生意不理想；母亲，40岁，营业员。由于感情问题，父母在其初一第一学期的时候离婚。随父亲生活，父亲未再婚，母亲已经再婚。爷爷、奶奶退休在家。

2. 个人成长史：足月顺产，未患过特殊疾病，身体健康。小学成绩尚可，小学毕业以中等成绩考入初中。初一始家庭矛盾激烈，其对学习渐失兴趣，经常违反校纪，上课随便讲话，不能集中注意力，还有说谎现象。

3. 家庭教育情况：父母各忙于自己的事情，缺乏责任心，没有时间和精力关心该生。爷爷奶奶过于纵容，百依百顺，教育失当。

二、主要问题概述

（一）班主任介绍：

1. 父母离婚导致该生学习成绩急剧下降。进中学时成绩中等，初一上学期期末测验在中等水平，初一下学期时父母离婚，初二上学期期中考试总分落到班级最后，两门课程不及格。

2. 不遵守纪律。上课随便讲话，做小动作、吃零食，受批评后情绪低落，放学后不及时回家，常到网吧玩。因多次旷课受学校"警告处分"。

3. 同学间、师生间关系不良。影响周围同学学习，上课讲话，影响他人听课，下课妨碍他人做作业，同学讨厌他，批评他，便跟人吵架，满口粗话，对老师的批评也抵触反感，他认为老师、同学都与自己过不去。有去校外结交"朋友"的想法。

（二）奶奶电话介绍：

在家少言寡语，惧怕父亲，表面依从，对爷爷、奶奶的批评不理不睬；懒惰、贪吃，不做家务，一有时间就看电视。常晚回家，回家常说谎，骗家人说自己成绩较好。

（三）自诉与测查：

父母离婚后，都不要我，他们都不喜欢我，只顾他们自己，太自私了。奶奶处处依着我，可是太啰唆，在我耳边唠叨个不停，也烦人。他们不知道我的成绩差，准备奖励我。老师和同学都看不起我。

（四）心理测试艾森克个性问卷（儿童）：P：75；E：40；N：70；L：40，倾向于内向性格，不稳定。

三、班主任采取的一些积极措施

1. 采用综合性辅导对策，从认知、情绪、行为等方面，将道德教育、校纪法规观念与心理辅导结合进行，运用合理情绪疗法和认知疗法矫正其不良习惯、培养良好个性，从而使其更好地适应学习，回归校园。

2. 改善社会支持系统。社会环境的协调与否对本个案的辅导成败尤为重要，主要是家庭和学校两个方面，其中争取家庭的支持更为关键。家庭成员要对其严格要求，纠正其懒惰、沉湎于电视的习惯，经常过问其学习、思想。学校老师要改变单一批评的方式，帮助其创造在班级中积极表现的机会，及时肯定，真诚给以学习上的帮助、情感上的支持。

（1）在辅导过程中，本人多次与 LBB 父母亲联系，对子女教育问题做探讨，让其更多地关心孩子。

（2）与奶奶多次通话了解情况，指导家教对策（限制他看电视的时间，督促他做作业，减弱依赖性），要求他做些力所能及的家务，如扫地、洗碗、整理房间等。

（3）与班主任及时交流，交换意见，当然，不愿让班主任了解的事要保密。建议班主任在该生有抵触情绪时,多从中协调。批评和鼓励相结合,大家配合较好。

四、卓有成效的策略

定期约见;面谈中予以澄清、解释、指导和鼓励。

(1)第一次长谈:开始表现阻抗,后经过合理化解释,倾诉近一个小时,从中了解到大量的情绪和认知困扰。他心里也不满意自己的生存状态,也希望回归班集体,被老师、同学接纳,他感觉到了我作为一个咨询师的热情、尊重和平等,咨访关系初步建立。

(2)第二次长谈:反映老师对自己态度有转变,变得关心他,并安排一名成绩好的学生和他同桌。让他开始对班集体有了关注,学习开始有信心,这有利于他在其他方面也树立信心。陈述自己需要改正的方面,如爱吃零食,上课随便讲话,做事无毅力,丢三落四,抄作业,我要求他一点点改正。我通过讲述自身成长的经历,鼓励他战胜逆境,争取光明的前途。这是心理咨询中常用的榜样激励法。

(3)第三次长谈:期末考试有所进步,但还处于班级下游,因此情绪低落。这次我主动提出约见,把家访的情况告诉他。这次谈话重在改变不合理信念。

注意帮他澄清一些错误的认知:父母离异这是大人的事情,或许分开更有利于他们各自人生的幸福,只是你因此受到伤害,要坚强面对;父母亲还是爱你的,只是他们很忙,你要做一个坚强的人,学会独立,让他们看到你是值得他们自豪的;老师的教育和帮助也是关心你的表现,不能认为是和你过不去;最近的考试没考好,不要紧,人要学会横向比较,也要纵向比较,看看自己是不是比过去进步了,这种进步不仅仅是学业上的，还包括思想上的，追求的境界提高了，人生就有目的和意义了。表扬他记忆力尚好，用自我强化、口号激励法，培养自控能力，利用一切可利用的时间，提优补差，提升学业。

（4）第六次谈话：有体育爱好，篮球打得不错，在年级比赛中为班级球队获胜立了大功，同学们都对他有了新的认识，LBB 很开心，我和班主任予以及时鼓励。

（5）第七次长谈：犯瘾上网吧，作业没做，我与班主任商议和他约法十条，谈好奖惩措施，LBB 愿意配合，可是违规行为一直有反复。这使我比较苦恼，我冷静思考、细细思量：心病还要心来医，单纯的契约可能只是形式上的约束，造成 LBB 迷恋网吧的真正原因还是心灵上的寂寞。

五、效果

经过三个月的咨询辅导，LBB 各方面表现都有好转。

第一，最近一次考试多了两门及格的，总体成绩提高，上升了几个名次。逐步有了自己学习的意识和习惯，学习信心增强了，愿意到校，打消了不上学的念头。

第二，开始能够融入班集体，和同学能比较友好地相处，同学们也改变了对他的成见，愿意接受他，并与之交往。

第三，开始会关心体恤他人，在家里能主动做一些力所能及的事情，其父母亲、爷爷奶奶也改变了以往的教育养育方式，能与他交心，多关心、多鼓励他。

我们的分析与判断

在接触这个案例后，我们对 LBB 的问题有了一些基本认识：

1. 不合理信念的产生。由于父母关爱的缺失，LBB 觉得人都是自私的，父母的不负责任让他认识不到一个人做事负责的重要性,也不能认清自己学习是对自己和家庭的一种负责,没有上进心,没有人生动力。

2. 以游戏的态度对待学习。受父母亲没有家庭责任感的影响,以游戏的心态对待学习,没有良好的学习习惯和学习品质,更没有明确的学习目标。没有一个很好的学习监督和监管人,出现学习障碍,导致厌学。

3. 自卑心理。不能客观地认识自我,觉得大家不关心他,不喜欢他,没有价值感,觉得自己一无是处。

4. 过于自我防御。用文饰作用自我防卫。对自己犯错误的原因归结为外部原因,不愿意面对,没有改良结果,只是消极对抗,导致老师教育信心不足,放任自流。

本个案整个咨询过程采用了综合性辅导对策,从认知、情绪、行为等方面,将道德教育与心理辅导结合起来,运用合理情绪疗法和认知疗法矫正其不良习惯、培养良好个性,从而使其更好地适应学习,回归校园,取得了初步效果。但是在社会家庭环境支持上力度不够,学校和家长教育配合度欠缺,所以出现反复;人格是逐步发展形成的,一时改变还有难度,有待一个持续过程。

所以,辅导工作任重道远。要成功转化后进生,需要把行为规范教育、道德教育与心理教育结合起来。要多方面联动,积极优化后进生社会支持环境,争取到班主任、科任老师以及家长的通力合作和全员关注,这样才能形成合力,达到理想效果。

有时得承认是个落伍者

（一）姓名：CMM。

（二）性别：女。

（三）年级：江苏泰州某学校 2014 届。

（四）家庭背景或成长经历：父母离异，跟随母亲生活，母亲后又再婚。

（五）进入高中前的大致状态：择校，以较低分进校。

（六）性格异于常人主要描述（包括演变）：很少与同学交流，与手机为伴；说谎。

（七）原因估计：家庭无人监管。

（八）高考学校：某职业技术学院。

（九）目前生活状态：打工。

我们的分析与判断

很多学校都有一批以较低分择校进来的孩子，记得以前老师曾经管他们叫"收费生"，同学们知道他们是"借读生"，交学费的时候他们是"择校生"，这批孩子在学校常常显得小心翼翼，或者异常活跃，显得特别"突出"。家长通过许多途径、花了许多费用让他们进重点中学读书，到底是一个正确的选择，还是一个错误的抉择呢？如果到了新的环境，他们跟不上学习进度，那么就会愈发自卑。

他们找不到你,如同你找不到他们

(一)姓名:PY。

(二)性别:男。

(三)年级:无锡某中学2012届。

(四)家庭背景或成长经历:父母感情不和,父亲脾气暴躁,有家暴行为。

(五)进入高中前的大致状态:胆小,听话。

(六)性格异于常人主要描述(包括演变):进入高中后,沉迷于网络游戏,偶尔彻夜不归;与同学相处较好,但在家里脾气暴躁,偶有打骂母亲、奶奶的事情发生。

(七)原因估计:受父亲的影响,父母亲经常吵架。

我们的分析与判断

家庭关系不和的孩子,常常很敏感,他们的感情往往比一般孩子脆弱,网络游戏只不过是一种寄托,那里的世界是他们自己创设的,想要的美好和温暖都能够自己设置,其实他们需要的只是爱。

自我熟睡在非理性的影子里

（一）姓名：QX。

（二）性别：女。

（三）年级：南通某中学2006届。

（四）家庭背景或成长经历：单亲（离异）。

（五）进入高中前的大致状态：成绩尚可,性格内向。

（六）性格异于常人主要描述（包括演变）：很少与同学交往；总觉得别人家庭条件比自己好；总认为社会不公平。

（七）原因估计：父母离异,生父有暴力倾向,长期情绪压抑。

（八）高考学校：南京某大学,香港某大学研究生。

（九）目前生活状态：毕业后一直没有稳定的工作,高不成低不就,希望一步到位。

我们的分析与判断

人的性格受许多因素的影响,父母是我们无从选择的,而身处的社会大环境亦是如此,很难说是家庭的原因导致她对社会认识的偏激,还是焦躁的社会环境加剧了她对自己家庭条件的自卑,更多的可能是两者的相互作用。单亲家庭的孩子常常表现为两类性格：一种是尤其活泼,处处耀眼；另一种是怀揣一颗玻璃心,随时心碎,压抑内向。

天真的感受,像是孩子拿着树叶当钱币

(一)姓名:WFC。

(二)性别:女。

(三)年级:2007届。

(四)家庭背景或成长经历:双职工家庭。

(五)进入高中前的大致状态:家庭一般,父母矛盾多。

(六)性格异于常人主要描述(包括演变):内向,渴望表现自己,注重打扮。

(七)原因估计:家庭条件一般;希望出生在富人之家;虚荣。

(八)高考学校:南京某大学。

(九)目前生活:在银行工作。

我们的分析与判断

有时候,个别普通家庭的孩子更渴望表现自己,他们对取得成绩更加在意,他们想以成绩来取悦父母、取悦师长、取悦别人。很大程度上,"跳龙门"思想一直鼓舞着这帮孩子,有些孩子在不断的自我要求下确实取得了不错的成绩、获得了不错的工作和社会认可度,而一旦未果,则倍感失落。

穿过青春所有叛逆的日子

（一）姓名：DTU。

（二）性别：男。

（三）年级：南通某中学2015级。

（四）家庭背景或成长经历：祖籍东北，父母来南通做生意，定居通城。父母忙于生计，对孩子的学习生活关注较少，孩子比较独立。

（五）进入高中前大致情况：中考成绩较好，但中考结束后的暑假过于放松自己，沉迷于网游，进入高中后衔接不好，厌学，网络成瘾。

（六）性格异于常人主要描述：

1. 孤僻，除了与个别学生较好外，基本不与老师和其他同学交流；

2. 厌学，活在网络世界里；

3. 叛逆，经常和父母对着干。

（七）原因估计：

1. 父母关爱不够；

2. 在学习上缺乏成就感，精力又无处发泄。

（八）目前工作与生活状态：异常。

我们的分析与判断

父母有责任帮助孩子适应异地求学，对其给予更多的帮助。

大街拥挤的时代,你选择了另一个方向

(一)姓名:FBY。

(二)性别:男。

(三)年级:南通某中学 2015 级。

(四)家庭背景或成长经历:家庭条件优越,父母都是公务员,爷爷奶奶都是小学教师,外公清华大学毕业。

(五)进入高中前大致情况:初一时成绩还不错,到了初三已经不是特别出众,本以为考不上重点中学,但最后中考发挥不错,正常考入重点中学,进校分数不高。

(六)性格异于常人主要描述:

1. 平时一切正常,高大阳光,开朗活泼,只是在考试前后会比较沉闷些,但不会持久。

2. 从小学开始对男女性别感到新奇,但是没有引导到位,初二时候去军训基地,遇到几个"学坏"的孩子,开始用手机看黄色视频和网络小说,并沉迷于此。

3. 多次用自己的零花钱或者偷拿家里的钱买手机,藏起来看视频和网络小说,打网络游戏,并且一旦投入打游戏就感觉换了个人,对父母吼叫、无理吵闹。

4. 学习不投入,抄答案,在其他课上赶作业,只为回家可以赶快玩手机。月考成绩不理想,手机被母亲没收,一连几天到晚上一点才回家,据说自己骑车发泄或者呆坐在咖啡厅,其实内心也焦虑。

（七）原因估计：

1. 自我要求上进，但是找不到目标，行为懒惰、不自律，缺乏自信。

2. 母亲全身心关注其学习，情绪比较焦虑，一说起儿子一直很激动，每次给班主任发信息都很长，这种焦躁的情绪也影响到了儿子，和儿子关系紧张，儿子嫌她啰唆，完全不要父母管教。

3. 父母在子女教育问题上意见不统一，父母认为孩子看视频和小说属于不正常和见不得人的行为，一直羞于启齿，加剧了孩子的隐藏行为，对性也更好奇，没有得到很好的引导。

4. 孩子第一次看手机被发现时，父亲将手机摔坏，处理简单粗暴，以后父亲也不和儿子谈性教育问题。小学时好奇男女生性别问题，没有得到较好的引导，只是接受老师简单的说教。

（八）目前工作与生活状态：异常。

我们的判断与分析

典型的父母教育方式存在问题，应在每个阶段关心孩子成长。

我们的岛是一粒不完整的黄纽扣

（一）姓名：HAP。

（二）性别：女。

（三）年级：安徽合肥某中学2015级。

（四）家庭背景或成长经历：父亲是公务员，母亲在事业单位工作，家庭条件优越。

（五）进入高中前的大致状态：没有考取高中，是择校入学。

（六）性格异于常人主要描述（包括演变）：入校后学习跟不上，所以出现上课走神、不专注、自我放弃的现象；喜欢看小说、动漫，沉迷于此；不想上学，如果逼迫其上学就称要自杀。

（七）原因估计：基础较弱，本来就和重点中学的同学学习基础不在一个层次上，到了新环境后更跟不上；学习跟不上便带来强烈的自卑感，不愿与其他同学过多地交谈；父母亲出于面子对她一直要求比较高，希望她在重点中学坚持读下去。

（八）高考成绩及学校（如毕业）：多次和父母亲沟通后，劝他们要以孩子的身心健康为主，孩子都已经出现自杀念头，给班主任留遗书，必须重视。后来父母亲听从班主任劝说，重新把她转入普通中学高中部学习，孩子重拾信心，非常快乐。

（九）目前生活状态：一切照旧。

我们的分析与判断

道法自然,如果他是一棵树,请让他以树的姿态生长;但如果他是一根草,那么请让他以草的姿势摇曳。

第三部分 每当我们从地上抬起脚,我们就走在天空里

在春天,翻开新年历

我们因那完整而欣喜不已

讲故事的时间

已经到来

面对精神异状症,我们能做的还太少

也许是由于社会重视不够,也许是因为中国精神类医生缺口较大,面对抑郁症患者,我们能做的还太少。对抑郁症进行恰当的、专业性的全民科普,让抑郁症逐渐变得透明、变得概念清晰,任重道远。只有更好地了解,才能更好地、更有针对性地进行预防或治疗。

生命是可贵的,我们不愿任何一个人因为抑郁症而放弃自己的快乐乃至生命。无论是"曲高和寡"还是"高处不胜寒",在积极的心理引导下,相信每个生命都将找到适合自己的位置,找到最佳的生活方式,找到最能够发光发热的路径。

学生朋友们,路还很长,需要一起努力,学会感恩是最好的抚慰心灵的方式。

这是尘世，有人静静守护你

  我们的分别是相当痛苦的。我把她送到了船上，她已经是泪流满面了。我和她握了手，说："一路上好好保重。"正要走下去，她却叫住了我。她进了舱打开箱子，拿出一张唱片给我，哽咽着说："你拿去听。"

  在家时，逢小妹生日，兄总为你梳那一双细辫，亲手为你剥娘煮熟的鸡蛋。一走十年，竟总是忘了你生日的具体时间，这你是该骂我的了。今年一入夏，我便时时提醒自己，到时一定要祝贺你成人。

  有一天，若父母远行，还有谁是我的至亲至爱？还有谁会没有任何功利地深深地把我牵挂？只有那同根所生、手足相连的兄弟姐妹在我身旁，陪我淡淡地走这一生。兄弟姐妹本是天上的雪花，落在地上，化成水，结成冰，就再也分不开。

教育不是注满一桶水,而是点燃一把火

爱尔兰诗人叶芝说,教育不是注满一桶水,而是点燃一把火。

家长甲:那些早熟的童年

这个周末,我又在为女儿的兴趣班而头痛,奶奶想让女儿报个拉丁舞班,我想让女儿报个作文班,回来的路上,女儿一直不情愿地嘟囔着。我想了想,问女儿:"你为什么不愿意呢?"

女儿说:"你看看,我每天在家做完作业都会画一幅画,你看过我在家里跳过舞吗?我喜欢的自然会天天都想做,我不情愿的做得自然不开心;还有,那个作文班要很早上课,天气变冷了,我想早晨肯定起不来的,到时候你又要批评我了。"

我沉默了,女儿已经七岁了,有了自己的想法,我们是不是又陷入了"鱼缸法则"的怪圈?

对于孩子的成长,我们总是不放心,想在这个纯净的心灵上添注上自己的想法。看着别人家孩子优美的舞姿,就想自己的孩子是不是也可以培养;看着孩子稚气的文字,就在想请名师指导一番是不是更放心些。世界的发展日新月异,知识的变换目不暇接,我们做父母的,是不是应该克制住自己的想法和冲动,给予孩子一个自由成长的空间!

女儿一直好奇心很强,从研究爸爸的胡子、我的内衣、电视的节目、屋内的一切设施到研究楼道的小广告等,她会留心身边发生的一切,每天一睁开眼就有无数的问题等着我们去回答。刚开始我疲于应付,但看到她失落的表情才知道耐心认真的回答才是对孩子最大的尊重,我开始意识到这就是引导孩子的良好时机,观察生活,用兴趣作为孩子学习的老师,好奇心才可能点燃潜能之火!

由于工作忙碌,女儿小时候和奶奶相处的时间更多,中国老人对于孩子的溺爱大概居全世界之首了。孩子的依赖性强、主动性弱、性格急躁、行为冲动,我一度苦恼。后来,我通过亲子阅读、游戏、手工、绘画等各种渠道对女儿从语言、生活、行为、学习习惯各个方面加以纠正和引导。我相信宽容强于惩罚的力量,对于女儿种种过失,我总是在事后一一指出,如果孩子一意孤行,我沉默以对,其实孩子最怕孤独,在女儿能够冷静下来之后,我的引导也渐有成效!

盼望孩子成长,如同带一只小蜗牛散步,只能等待慢慢的循序渐进的过程。孩子的成长方向取决于父母的期望,尽管女儿有种种缺点和不足,但是我经常反思,克制冲动,尽可能像对待天才一样爱护和珍惜女儿的点点滴滴。相信自己,更要相信孩子,假如我们对孩子有更多的尊重、宽容、爱护和陪伴,而不是一味地对孩子的行为添加自己的注解,强行让孩子依照自己的意愿生活,那么孩子的成长就会开始按照我们的期待而前行。

关于教育孩子,我们也是人生的第一回,徘徊摸索探求着,那些所谓成功的家教经验,听上去很美,做下去却很难。因为每个孩子都是独一无二的,不是一个商品,可以克隆和仿造。也正是这种不确定性,决定了我们孩子的将来会多姿多彩,有无限的可能性!

也许教育本就是简单的,只有我们自己静下心来用心思考,从培育融洽的亲子关系开始,到培养孩子良好的生活习惯、行为习惯和学习习惯,其余的,就任由孩子自燃心中那一把火吧!毕竟世上人有千千万万,而出类拔萃的只有少数,让我们的孩子成为一个有道德感、有责任感、有思想、有兴趣,能在自己擅长的领域自由发展的人,这正是我们所能做、所能教的。

她代替孩子思考,你以为她正确吗?

家长乙:一个自以为正确的家长

我这样认为:每个孩子的可塑性都非常强,关键看我们父母如何正确引导,让孩子在健康、快乐中学习成长。

每个孩子都是父母的掌中宝,每个父母都希望自己的孩子能够健康快乐地学习和成长。生活中不乏很多家长将孩子送到各琴行或是请老师到家里,对孩子进行各类才艺的培养。但是我发现身边的一些孩子学习效果并不理想,有的不愿意去上课,有的不积极完成日常要求的练习,有的孩子学了一段时间后就放弃了。我的儿了也是 个聪明、爱玩的孩子,当初让他学习管乐的时候也是很不情愿，但是经过正确引导以后，随着时间的不断积累，学习效果很理想，他的学习过程我觉得可以跟大家分享。

首先要根据孩子的特点有针对性地选择学习专业，选择前一定要考虑孩子的喜爱程度，否则在学习的初始阶段孩子就会有很大的抵触情绪。最好是孩子曾经接触过，并且有一定兴趣的方面，也就是"因材施教"。

其次，家长也要投入孩子的学习过程中，我认为这点很重要。因为孩子一个人在学习的过程中其实是很枯燥的，在这个过程中需要他人的帮助与肯定。例如，在日常练习时，孩子很容易出现懒惰情绪，使练习质量打折扣，这时候父母就要能听出来并正确加以纠正。对于孩子表现好的地方要及时表扬，最好能直接指出孩子在哪个乐句的表演很精彩、运用的哪种技术很到位等。也就是父母既要当好孩子学习的益友，也要当好孩子的听众和"粉丝"，这样孩子的学习才能得到极大的满足。如果我们父母完全听不懂孩子的练习，不理会孩子的日常表现，那么孩子的学习效果就可想而知了。

最后，要跟孩子有充分的学习交流，我们仅仅将孩子交给老师，认为可以"包学包会"，这种想法是错误的。孩子在学习过程中需要与他人交流自己的学习体会，需要他人答疑解惑，这时候父母一定是他们的第一沟通对象。如果父母没有给予必要的支持和引导，孩子就会对学习的目的和未来模糊不清，也就是说父母要给予孩子学习上源源不断的推动力。

通过以上的努力，我的孩子在才艺学习上的效果非常理想，不仅在老师的指导下学习了一种乐器，还自学了第二乐器，向更多的方面扩展。随着学习的进步，练习的曲目也都变为自己喜爱的音乐题材，完全不需要家长督促。

他在传达父亲的成功学，你以为他正确吗？

家长丙：一个喂故事书的母亲

我想，"念故事书给孩子听"，把孩子培养成"喂故事书长大的小孩"是兼具关爱和教育功能的最佳亲子活动，不但能帮助孩子陶冶理想品格、提升学习能力、养成阅读习惯，更能让孩子在父母专注而亲密的陪伴下，感受到充分的爱与关怀。

"腹有诗书气自华"，身边但凡气质脱俗、谈吐高雅的女生，多是爱书之人，张口便能区分高下，更有高人外修仪容内修心灵，令我仰慕不已。自觉同为女孩子，多读书的女生一定会在纷繁世界中多一份内心喜乐。于是，在为人母之初，我就下定决心要送女儿一份礼物——阅读之乐。

我是巨蟹座。据说这个星座的女人有两个特点，一是爱家，二是爱幻想。我能想到最温暖的画面，就是点一盏小夜灯，用温柔的、温暖的、充满爱和磁性的嗓音给身边的宝宝念温暖童话，梦里有你也有我。对啊，我也是这么做的。

父母，毋庸置疑，一定非常爱自己的孩子。但是，我想传达这些教育理念的最初动力，是因为我自己在教养孩子的路上、在为孩子付出爱的同时，也深深地感觉自己得到了爱；而这份一直在我心中不期然出现的满足和快乐，才是我真正希望全天下父母都能得到的东西。生活中，竭尽所能爱孩子的父母比比皆是，却常常爱得愁眉苦脸，甚至痛苦不堪，完全没有养孩子的乐趣可言。在我持续地念故事书给孩子听两三年后，我纳闷：为什么孩子如此不让我操心呢？突然我发现了念故事书与教养孩子的关联性。念故事书给孩子听，这个方法不仅简单易用，而且在你为孩子付出爱的同时，自己也会感受到满满的爱。

中国父母总是会不自觉地一代逼一代去追求未来的幸福快乐。小时候，父母要我们用功读书，因为用功读书以后，就能过上幸福快乐的日子；但真去用功读书的孩子，最后有没有得到幸福快乐呢？这个问题很难有答案。自己又有了下一代，于是，又开始了另一个要孩子用功读书的循环。而这样一代传一代，到底是谁得到了幸福快乐？没有人！因为，大家都在追求那份"未来"的幸福快乐。所以，从孩子诞生的那一刻起，我就把握着每一天，尽情享受属于我和孩子的幸福快乐。

想想：一个还不认识字的孩子，在听绘本故事的时候，瞪着眼睛欣赏图画的情景是不是很感人？女儿经常在我读完一页以后，对我说："妈妈先别翻，我再看看。"每每这时，我心里都跟抹了蜜似的。试想一下，如果孩子认识字了，就会只看字，看图的时间就会相对缩短，而这一生中，她也就这么几年可以静下心来好好观赏书中的美图。另外，书中说，德智体美劳这几方面美是最抽象、最难教给孩子的，父母帮孩子念故事书，就等于在为美育播种。孩子喜欢这个故事，就会在心里产生感觉；孩子目不转睛地看着绘图，就是美的欣赏。孩子当然无法用言语告诉父母她感觉到了什么，欣赏到了什么，但是那些深刻的美感教育，就会这样在一本一本的故事书中累积出来。对于专注力，这个是我通过实践可以证明的。一个三岁的孩子，如果没有特殊情况的打扰，可以坐在我身边听一个小时的故事。而不是天天听故事的孩子是完全做不到的。前几天邻居家的小朋友来家里玩，我想试一下，就把她叫到身边，找了一本《猜猜我有多爱你》生动地读给她听，开始她听得也很痴迷,但只有短短的几分钟,就跑开了。我又把女儿叫过来,同样读这本故事书,虽然她已经听了不止十遍,但还是安静地坐在我身边听完,合上书后还深深地叹了口气,好像有些意犹未尽。

我想,"念故事书给孩子听",把孩子培养成"喂故事书长大的小孩"是兼具关爱和教育功能的最佳亲子活动,不但能帮助孩子陶冶理想品格、提升学习能力、养成阅读习惯,更能让孩子在父母专注而亲密的陪伴下,感受到充分的爱与关怀;父母也能在付出的同时,得到孩子最直接真诚的回馈。

她在表达自己的兴趣,你认为她正确吗?

教育心理学最为否定的教育方式,就是把孩子作为自己的作品来精心打磨,让孩子过早失去自我,于是,好多的心理健康问题从很小时就埋下了,但父母还在沾沾自喜。请问,你的孩子是你的作品吗?

站在同一高度，爱才不会有落差

教育事大，而相对于社会教育与学校教育，家庭教育作为人生整个教育的基础和起点则显得尤为关键。

一岁半的孩子爱唱反调，两岁的孩子开始进入第一个叛逆期，三岁的孩子缺乏安全感，四岁的孩子分不清现实和幻想……从他们呱呱坠地的那一刻开始，直到目送其背影渐行渐远，孩子的教育问题便一直牵动着父母的心。君不见，各大城市学区房身价蹭蹭蹭一个劲往上冒，居高临下，却仍一房难求；君不见，钢琴班、舞蹈班、声乐班、周末班、暑期班，像极了一茬又一茬的春笋，从未间断。"孟母三迁"的现代版几乎每天都在世界的各个角落真实上演。

教育事大，而相对于社会教育与学校教育，家庭教育作为人生整个教育的基础和起点则显得尤为关键。法国政府便曾明文规定：家庭为实行儿童正规教育场所之一,并且家庭教育与学校教育并行。"染于苍则苍,染于黄则黄。"心理缺陷的父母,造就心理缺陷的孩子;充满正能量的父母,培养充满正能量的孩子。

在孩子家庭教育渐渐成为父母终生事业的今天,因为历史、地域及文化的差异,各国父母所秉持的态度却有所差别,其结果自然就不尽相同。美式家庭教育从小就尊重孩子,重视给孩子个人自主权,从而成就了创新的美国;德国家庭注重训练孩子的独立性,培养孩子的责任意识,因此孕育了实干的德意志联邦共和国;日本家庭在培养孩子毅力方面独树一帜,于是诞生了隐忍的大和民族;而以"家齐而后国治"为基础的中国式家庭教育,则沉淀出浩浩荡荡之五千年华夏文明……

但综观今天的中国家庭教育,却有陷于"过度溺爱""揠苗助长""保护无节制"等各类困境的危机。一家大小围着小宝贝团团转的不在少数;课余时间如陀螺般辗转于各类大小培训班的小孩身影随处可见;将脏衣脏裤脏床单打包邮寄回家的大学生屡见不鲜……很多的心理健康教育被忽略与掩盖,中国家庭教育在新时期还有很长一段路要走。

幸运的是,中国新生一代父母正在艰难的摸索中逐步成长与蜕变。他们正在把"尊重科学、心怀坦荡、敬畏生命"这三把成长利器亲手交给稚嫩的孩子;父母为了这份爱的奉献与付出更加艺术而做出种种努力。

事实上,哪怕是专修教育的学者,能给孩子的都很少很少,更何况平凡如你我。我们保持与孩子同样的高度看世界,与他们共同成长,帮他们发展出足够的心理与情感技能,如此便能放心地把他们交给世界,然后,静静等待,让他们凭自己的心意去为人行事……

让逻辑淡化,真理通过眼球生长

中学时期是人生从稚嫩迈向成熟的重要时期,也是身心发展的重要时期,由于发展的不稳定性和不健全,这一时期的中学生往往会出现或多或少的心理问题,如自卑、叛逆、嫉妒等,有些甚至影响到了正常的学习生活。只有正确认识这些心理,认知自我,采取积极的应对措施,中学生才能茁壮地成长为一棵"大树"。

一、有分寸感的家庭因素

父母是孩子的第一任老师,也是最亲近的老师,面对成长期的孩子,首要关心的是成长,而不是成绩,孩子的第一身份是您的儿女,然后才是学生。身心健康也是一切学习等活动的基石和首要条件。回家后一句和风细雨的问候,失望时一个温暖的拥抱,争执不下时一句"尊重你的选择",早已将叛逆和桀骜化于无形。每个孩子有自己的成长轨迹，父母既不需要强加自己的意愿，也不需要揠苗助长，需要的是一份关爱和理解。当然，关爱不等于溺爱，不同的家风和教养方式塑造出不同气质的孩子，有些学生的问题心理或行为甚至是家庭问题的延续，所以积极良好的家庭教育是孩子身心健康的保障和前提。

二、有温度的学校因素

首先，学校可以加强心理咨询机构的建设、完善和宣传，转变学生对心理机构的认识，正确、科学地对待心理问题，提高学生对自我的认知能力，遇到问题时能正确处理并寻求必要的咨询和帮助。其次，班集体是对学生影响最大的外部环境和压力之源，当然班集体的帮助也是缓解压力的最佳密钥。融洽愉快的班风、互帮互让的同窗之情、欢乐轻松的活动都能让学生感受到集体的温暖。老师们也可以善加利用班会课的阵地，开展行之有效的主题班会，让每一位学生都可以对一个话题提出见解、参与讨论，从而消除他们心中的迷惑，消除情绪障碍。再次，高中阶段的起始年级，是转折性的一年，由于对知识和能力的要求突然增加，许多学生无法正确面对遇到的挫折和压力，从而产生抑郁和焦虑。学校和教师可以优化课程结构，丰富课堂形式，提高课堂效率，帮助学生建立起对学科学习的兴趣和信心，通过有形的辅导和无形的鼓励，帮助他们重新找到自我的定位和目标。

三、有修正的自我因素

学校、家庭、良师、益友都只是人生路上的一段风景，必须感恩外部力量的谆谆教导和循循善诱，但是剩下的路还要靠孩子们自己走过,所以加强自我认知、自我教育,科学地看待心理情绪障碍,正确处理和疏导情绪障碍,才是人生路上的必修课。如果暂时落后,那要允许自己"慢一点"。一天吃不成胖子,一日也不能突飞猛进,学习是一个终身而漫长的过程和科学系统,如果一时不得要领、不能领悟,那就给自己一段时间,去消化、吸收、整理,慢慢地赶上大部队。如果被压力压得透不过气来,那么不妨只是每天"做一点"。放下目前的排名、成绩,只是朝着自己的目标,每天去做哪怕一件事情。如果累了,可以在路边歇歇脚,感受一下青春的美好,但并不长久逗留,收拾收拾行囊,继续前行。如果因为陷于父母、同学、朋友所带来的猜疑、敌意、孤独中不可自拔,那么不妨主动"退一点"。吾日三省吾身。有则改之无则加勉,古人尚且识之,当代青年更应该加强自我反思的意识,在学习、交往、生活中不断地吸取经验、反思自我,增强自我约束、协调和调控的能力。

If we don't reach the other side, we never know how power we are. 如果孩子们志愿做一棵参天大树,甘愿为人们避风遮日,死后还能化为栋梁,那么就让他们安于做一颗平凡的种子吧,用爱、耐心、自强自律来浇灌它,等待他们的成长。

在新的开端,带上祝福、感性和种子开始旅行(代后记)

追求真相的美好,在于它是一种平等的事业,它凭借理性让人信服而不是凭借身份,凭着一支笔、一张纸,你就可以自己检验结论;追求真相的美好,还在于它是一种自由的事业,不受任何人管辖……

当我们开始思考并走上探索学生心智成长的道路后,逐渐发觉,在理性本体之外还有许多与理性无关的因素,二者构成的混合体才是事件的本来面貌。要想把这些经历理顺、说清楚何为因何为果是不可能的。按照观察样本的真实始末细细道来,或者是一条可取的途径。

这是本书秉持的原则。

忠于理性。科学与哲学的美好正在于理性

的美好。其实,探索真相的过程也是如此。如果把人类比作那群贪玩的小孩,那么科学和哲学就是麦田里的守望者。它警惕地瞭望着人类前方的地平线,密切注视着人类精神生活的基本走向,唯恐这群"贪玩的小孩"一不小心掉入万劫不复的非理性深渊。

忠于人性。科学诞生自友谊,行走在不同生活轨迹上的人们构建的社会关系才是科学发现的矿藏。这是一种美妙的生活方式,与聪明人一起度过岁月,为大脑的神秘绞尽脑汁。

至于大家关注的结论,我们的答复是:没有结论。共性是一回事,个性是另外一回事,后者才能向人展现观察者的各种影响与偏见。大脑究竟是如何产生意识的,仍然无解。但至少有一些可以肯定:每一个大脑,包括那些有紧张关系的大脑,都是由概念、判断和推理组成的一个科学的系统。这个大脑可能现在不行,在这方面不行,但不代表未来不行,在那方面不行。

可归于目标的是:希望能够展现多幅不一样的图景,主张遵法自然,主张格物致知,提供多一种思路。还是那句话,这是你自己的旅行,这是你和你孩子的旅程,对照那些样本的剖析与解读,你或有收获,但那不是唯一答案。

生活常常是一条为求知而求知的道路。我们偶尔可以忘记实用,抹去你所无法挽救的,扔掉你所无法咀嚼的,允许非理性进入思想的领土并牢牢占据一席之地,或许你孩子的人生,乃至你的人生会有另外的天地。

愿你的世界安静美好。

作者简介

缪锦春,江苏东台人,南京大学金融学博士后,澳门科技大学管理学博士,上海金融学院、南通大学等多家高校兼职和客座教授,南京大学国际商务兼职硕士导师。曾在中国银行总行、招商银行上海分行等多家商业银行任职,现仍在商业银行从事管理工作。在各类刊物发表经济、金融、文学类作品近40万字。

May,1982年生人,江苏人,苏州大学数学与应用数学理学学士,南京师范大学教育硕士,多次获得省级、市级教育教学比赛一等奖,在省级刊物发表论文数篇,参与并完成了多个省级教育研究课题,获得省市级"青蓝工程优秀师徒"称号和"学科带头人"称号。